Frühlingsdeko mit der Nadel filzen

Endlich werden die Tage wieder länger, der Schnee schmilzt, Frühlingsblumen sprießen und Ostern naht. Da bekommt man richtig Lust auf farbenfrohe Dekorationen! Filzwolle gibt es in vielen verschiedenen Farben und mit der Filznadel können Sie daraus tollen Wohnraumschmuck zaubern. Niedliche Eierwärmer, ideenreiche Anhänger für den Osterstrauß, frühlingshafte Kränze für den Eingangsbereich, sogar einen prächtigen Teekannenwärmer stelle ich Ihnen in diesem Buch vor. Und Sie werden sehen: Wenn Sie erst einmal den Bogen raushaben, werden Sie von dieser Technik gar nicht mehr genug bekommen!

Ich wünsche Ihnen viel Vergnügen beim Filzen mit der Nadel und natürlich beim anschließenden Dekorieren.

Kornelia Milan

IHRE GRUND-AUSSTATTUNG
Folgende Materialien benötigen Sie für fast alle Modelle im Buch. Sie werden in den einzelnen Materiallisten nicht gesondert aufgeführt.

- Filznadel in drei Stärken
- Schaumstoff- oder Styroporunterlage
- Schere
- Digital- oder Briefwaage
- Lineal oder Maßband
- Bleistift
- Transparent- oder Butterbrotpapier und fester Karton (für Schablonen, zum Übertragen der Vorlage auf Filzplatten)
- Klebstoff
- Filzstift (zum Übertragen der Vorlage auf Filzplatten)
- Nähnadel

So geht's

Für das Filzen mit der Nadel benötigt man Filzwolle, Filznadeln und eine Schaumstoff- oder Styroporunterlage. Filznadeln gibt es in Bastelgeschäften in verschiedenen Stärken. Die dicke Nadel wird für das grobe Vorfilzen verwendet, die mittlere für das Ausformen und die dünne für das Glätten der Einstichlöcher. Durch das Einstechen mit der Nadel verdichtet sich die Wolle und bekommt eine feste Oberfläche.

Flach filzen

1 Die Wolle auf der Filzunterlage in Form legen und mit der dicken Nadel grob vorfilzen. Dabei das Filzobjekt immer wieder vorsichtig von der Unterlage lösen, umdrehen und von beiden Seiten mit der Nadel gleichmäßig einstechen.

2 Sticht sich die dicke Nadel nur noch schwer durch das gefilzte Motiv, zur mittleren Nadel wechseln und so lange filzen, bis eine gleichmäßige Oberfläche entstanden ist. Falls noch Einstichlöcher zu sehen sind, entweder mit der feinen Nadel nachfilzen oder mit den Fingern leicht über das Filzobjekt streichen, bis sich eine einheitlich geschlossene Fläche ergibt.

Dreidimensionale Körper filzen

Bei runden Objekten die Wolle in der Hand zusammendrücken, für längliche Objekte die Wolle zusammendrehen und von allen Seiten mit der Nadel auf der Unterlage bearbeiten. Dabei ist es möglich, durch gezieltes Einstechen der Nadel die Wolle gleichsam zu modellieren.

Hinweis: Auf dem Vorlagenbogen sind die Umrisse der fertigen Motive abgebildet. Da sich die Wolle durch das Einstechen mit der Nadel verdichtet und so an Volumen verliert, empfiehlt es sich, immer wieder durch Auflegen auf den Vorlagenbogen die Form zu überprüfen. Durch Anlegen von Wolle kann das Motiv immer weiter vergrößert werden. Zudem ist in den Materiallisten angegeben, wie viel Gramm Wolle pro Farbe etwa benötigt wird.

Filzen um Styroporformen

Die Wolle um die Styroporform legen und mit einer dicken Nadel grob umfilzen. Sobald mit der Nadel mehrfach eingestochen wurde, verbindet sich die Wolle fest mit dem Styropor. Die Oberfläche weiter genau wie beim flachen Filzen bearbeiten.

Wenn die Styroporform, z. B. ein Styropor-Ei, nur als Hilfsmittel für rund ausgearbeitete Formen dienen soll, muss vorsichtig gearbeitet werden, damit die Wolle sich nicht fest mit dem Styropor verbindet; dafür die Wolle immer wieder von der Styroporform abnehmen und auch von innen filzen.

Tipps und Hinweise

- Damit die Filznadel nicht abbricht, immer senkrecht in das Filzobjekt einstechen.
- Bei den angegebenen Wollmengen handelt es sich nur um ungefähre Angaben. Die Wollmenge wiegt man am besten mit einer Digital- oder Briefwaage ab.
- Wolle nie schneiden, sondern immer auseinander zupfen. Geschnittene Wolle lässt sich nicht so gut filzen.
- Ist die Form des Filzobjekts noch nicht ganz nach Wunsch, einfach noch etwas Wolle auflegen und an der betreffenden Stelle annadeln. Dies kann sooft wie nötig wiederholt werden.

Der Hase bittet zum Frühstück

→ ideale Aufbewahrung für Eier

MOTIVHÖHE
Eierkorb ca. 23 cm
Eierwärmer ca. 14 cm

MATERIAL FÜR EIERKORB UND 2 EIERWÄRMER

- Filzplatte in Naturweiß, 4 mm stark, 44 cm x 30 cm
- Filzwolle in Pink, 2 g, Gelb, 2,5 g, Orange, 3 g, und Grün, 0,8 g
- 6 Holzperlen in Schwarz, ø 5 mm
- 30 Borstenfäden (z. B. aus einem Besen), ca. 3 cm bis 5 cm lang
- Nähgarn in Schwarz

VORLAGENBOGEN 1A

1 Korb- und Eierwärmerschnitt vom Vorlagenbogen auf Transparent- oder Butterbrotpapier abpausen; auf festen Karton kleben, entlang der Konturen ausschneiden und mithilfe dieser Schablonen auf den weißen Filz übertragen und zuschneiden.

2 Entlang der gestrichelten Linien den Filz falzen und durch Einstechen mit der Nadel fixieren; ebenso die Knicke in den Seitenteilen am Korb anbringen. Den Eierwärmer zum Ring schließen und durch Einstiche mit der Nadel fixieren (am besten um ein großes Ei herum formen). Die Lasche zwischen den Ohren nach hinten klappen, in den Ring stecken und ebenfalls annadeln.

3 Die Knöpfe am großen Hasen aus je 0,5 g Wolle zuerst separat rund filzen, dann an den Korb filzen (die Abstände zwischen den Knöpfen betragen je 5 mm). Aus 2,5 g Wolle in Orange zwei runde Schnauzenteile separat anfertigen und an den Hasenkopf filzen. Aus je 0,25 g Wolle in Gelb unbearbeitete Streifen an den Ohren annadeln.

4 Für die Schleife am großen Hasen 0,5 g Wolle in Pink, 0,3 g Wolle in Grün und 0,5 g Wolle in Gelb wie abgebildet in Form legen; dabei zur Fixierung nur den mittleren, gelben Teil rund um die Schleife filzen.

5 Für die Eierwärmer aus je 1 g Wolle in Pink und Gelb zwei Schnauzenteile rund filzen und an die Hasenköpfe filzen. Die Borstenfäden – je fünf Stück pro Schnauzenteil – in die Schnauzen stecken. Als Augen die Perlen annähen.

Tipp: Wenn Sie für die Barthaare keine Borsten aus Ihrem Besen schneiden wollen, können Sie stattdessen auch stabiles schwarzes Garn nehmen, das Sie mit einer Nähnadel durch die Schnauze ziehen.

MOTIVHÖHE
ca. 9 cm

MATERIAL PRO EI MIT PERLEN

- Filzwolle in Gelb, 2,5 g, Grün, 0,5 g, Pink und Rot, je 1 g (Ei in Gelb) bzw.
- Filzwolle in Pink, 2,5 g, Gelb, 1 g, Rot und Grün, je 0,7 g (Ei in Pink) bzw.
- Filzwolle in Rot, 2,5 g, Grün, 0,8 g, Gelb und Pink, je 0,4 g (Ei in Rot)
- Wachsperlen in Weiß, ø 4 mm
- Nähgarn in Blau und Weiß
- Glasstifte in Blau, 1,8 cm lang

GELBES EI MIT BLAUER BLÜTE

- Styropor-Ei, 7 cm hoch
- Filzwolle in Gelb, 3 g, Dunkelblau und Hellblau, je 1,5 g
- 3 Holzperlen in Gelb, ø 5 mm
- Draht in Silber, ø 0,8 mm, 3 x 8 cm und 1 x 20 cm lang
- Nähgarn in Blau

ROTES EI MIT PINK BLÜTENBLÄTTERN

- Styropor-Ei, 7 cm hoch
- Filzwolle in Rot, 3 g, und Pink, 2 g
- 2 Holzperlen in Gelb, ø 5 mm
- 2 Holzperlen in Dunkelrot, ø 8 mm
- Draht in Silber, ø 0,8 mm, 40 cm lang

VORLAGENBOGEN 1B

Flauschige Eier

→ schön am Osterstrauß

Eier mit Perlen

1 Die Eier wie abgebildet nach Vorlage flach filzen: Zuerst die Grundform in Pink, Rot oder Gelb ca. 5 mm stark filzen.

2 Dann die Muster – Kreise, Dreiecke und Streifen – separat filzen, dabei die Größe immer mit der Vorlage vergleichen bzw. zur Orientierung auf die Grundform legen. Die fertigen Teile an das jeweilige Ei filzen.

3 Die Perlen mit Garn in der passenden Farbe annähen. Einen weißen Faden als Aufhänger befestigen.

Gelbes Ei mit blauer Blüte

1 Das Styropor-Ei mit gelber Wolle umfilzen.

2 Die beiden Blütenteile aus dunkel- und hellblauer Wolle nach Vorlage filzen. Das hellblaue Teil in der Mitte zusammendrücken und von außen mit der Nadel mehrmals einstechen, so dass eine Blütenform entsteht.

3 Die Perlen an den drei Drahtstücken befestigen (dafür die Perle einmal mit dem Draht umschlingen), durch die Blüte stecken und die drei Drahtenden miteinander verdrehen.

4 Die Blüte auf das Ei nähen. Zum Aufhängen das lange Drahtstück an die Blüte binden.

Rotes Ei mit pink Blütenblättern

1 Das Styropor-Ei mit roter Wolle befilzen.

2 Aus Wolle in Pink nach Vorlage sechs Blütenblätter separat filzen und in regelmäßigen Abständen oben am Ei anfilzen.

3 Den Draht von oben nach unten durch das Ei mithilfe einer Nadel führen. Unten ca. 7 cm vom Draht überstehen lassen und

Kuschelige Tischdeko

→ Set, Serviettenring und Körbchen

Blüte

1 Aus weißer Wolle ca. 7 cm lange Fäden zupfen, im Kreis zusammenlegen und mit der Nadel gleichmäßig auseinander ziehen, nicht filzen. Gelbe Fäden, ca. 5 cm lang, ebenso bearbeiten und mittig auf die weiße Wolle legen.

2 Aus Wolle in Orange eine runde, ca. ø 2 cm große Kugel in der Hand zusammenrollen und flach filzen. Diese mittig auf der Blüte anbringen, dabei mit der Nadel mehrmals rundum in den Rand einstechen, so dass eine halbrunde Kugel entsteht.

3 Die fertige Blüte rundherum nachschneiden.

Korb, Serviettenring und Tischset

1 Die drei Teile für den Korb von der Vorlage auf die Filzplatte übertragen und ausschneiden. Entlang der gestrichelten Linien den Filz falzen und mit einigen Einstichen mit der Filznadel fixieren.

2 Die drei Teile so zusammenfügen, dass die auf der Vorlage eingetragenen Zahlen aufeinander treffen. Die Teile Kante an Kante zuerst mit Stecknadeln zusammenstecken, dann durch Einstechen mit der Filznadel miteinander verbinden.

3 Die Blüten an den fertigen Korb filzen.

4 Für die Serviettenringe aus den Resten der Filzplatte 15 cm lange und 1,5 cm breite Streifen zuschneiden. Die Blattform nach der Vorlage zuschneiden. Den Filzstreifen und das Blatt zusammenfilzen, die Blüte darauf filzen.

5 Für das Tischset die gelbe Filzplatte mit Blumen bestücken.

WEITERFÜHRUNG

Flauschige Eier

eine gelbe und eine rote Perle auf das Ende auffädeln. Das Drahtende um die gelbe Perle in die rote zurückführen und in das Ei stecken.

4 Auf das obere Drahtende die anderen zwei Perlen auffädeln, das Drahtende in die Perlen zurückführen und in das Ei stecken, dabei eine Schlaufe als Aufhänger lassen.

MOTIVHÖHE
Korb ca. 20 cm

MATERIAL PRO BLÜTE
- Filzwolle in Weiß, 0,5 g, Gelb, 0,1 g, und Orange, 1 g

KORB, 6 SERVIETTENRINGE UND 1 TISCHSET
- Filzplatte in Hellgrün, 4 mm stark, 44 cm x 30 cm
- Filzplatte in Hellgelb, 4 mm stark, 44 cm x 30 cm
- Stecknadeln

VORLAGENBOGEN 3A

Schmetterlings-Mobile

→ duftiges Raumdekor

MOTIVHÖHE
pro Schmetterling
ca. 7 cm bis 9 cm

MATERIAL
- Ast, z. B. Korkenzieherweide
- Rundholzstäbchen, ø 5 mm
- je 3 Holzperlen in Gelb und Rot, ø 5 mm
- Nähgarn in Gelb, Orange, Pink und Grün
- Wollfaden in Orange, ø 2 mm, ca. 1 m lang

FÜR EINZELNE SCHMETTERLINGE

links oben
- Filzwolle in Gelb, 0,3 g, Blau und Grün, je 1 g
- Draht in Pink, ø 1 mm, 1 m lang

links unten
- Filzwolle in Orange, 1,5 g, und Pink, 0,5 g
- Draht in Pink, ø 1 mm, 1 m lang

Mitte oben
- Filzwolle in Gelb, 0,1 g, Grün und Orange, je 1,5 g
- Draht in Pink, ø 1 mm, 1 m lang

Mitte
- Filzwolle in Blau, 2 g, Gelb, 0,2 g, und Pink, 0,1 g
- Draht in Pink, ø 1 mm, 1,20 m lang

Mitte unten
- Filzwolle in Orange, 2 g, und Gelb, 1 g
- Draht in Pink, ø 1 mm, 50 cm lang

rechts
- Filzwolle in Pink, 2 g, Orange, 1 g und Gelb, 0,1 g
- Draht in Pink, ø 1 mm, 50 cm lang

VORLAGENBOGEN 1B

1 Die Schmetterlinge wie abgebildet und nach Vorlage filzen; dabei wie bei den Schmetterlingen am Moskitonetz auf Seite 21 vorgehen.

2 Den Draht für die Körper nach den Zeichnungen auf dem Vorlagenbogen biegen. Den Draht ggf. über das Holzstäbchen zu Spiralen in unterschiedlichen Längen winden. Bei den kleinen Schmetterlingen das Drahtstück nur zusammenlegen und in der Mitte zusammendrehen.

3 Die fertigen Schmetterlinge mit Garn in der passenden Farbe an den Drahtkörper nähen. Den Faden oben verknoten und als Aufhängung hängen lassen.

4 Die Aufhängefäden durch je eine Perle ziehen und durch das Zurückführen durch die Perle fixieren. Die Schmetterlinge in unterschiedlichen Höhen am Ast aufhängen. Das Mobile am Wollfaden aufhängen.

Osterkranz

→ Häschen im Grünen

MOTIVDURCHMESSER
ca. 25 cm

MATERIAL KRANZ
- Kranzrohling, ø 25 cm
- Steckmoos
- 6 Buchsbaum-Zweige, ca. 20 cm lang
- ca. 10 dünne Reisigzweige, ca. 15 cm lang
- Kordel in Gelb, ø 6 mm, 50 cm lang
- Bindedraht
- Stecknadeln

ZUSÄTZLICH FÜR HASEN
- Filzwolle in Weiß, 17 g, und Lachs, 0,1 g
- Holzperle in Schwarz
- Nähgarn in Schwarz

ZUSÄTZLICH FÜR TULPEN
- Filzwolle in Pink und Orange, je 5 g, Gelb und Weiß, je 0,7 g, und Grün, 10 g (für die Stängel je 2,5 g, für ein Blatt je 1,6 g)
- 2 Styroporkugeln, ø 2,5 cm

ZUSÄTZLICH FÜR BIENE
- Filzwolle in Gelb, 0,8 g, und Schwarz, 0,4 g
- Draht in Silber, ø 0,7 mm, 30 cm lang

ZUSÄTZLICH FÜR HUMMEL
- Filzwolle in Orange, Weiß und Schwarz, je 1 g
- Draht in Silber, ø 0,7 mm, 30 cm lang

VORLAGENBOGEN 4A

1 Das Moos auf den Kranz legen und mit Bindedraht befestigen. Die Buchsbaumzweige zur Hälfte teilen und oben am Kranz in zwei Richtungen auflegen. Die Reisigzweige zu einem Büschel zusammenbinden. Alles aufeinander legen und mit Bindedraht befestigen. Die Kordel um den Kranz zu einer Schleife binden.

2 Den Hasen nach der Vorlage filzen, die Vertiefungen durch mehrfaches Einstechen mit der Nadel ausarbeiten. An Ohr und Nase lachsfarbene Wolle anfilzen. Die Perle als Auge annähen.

3 Für die Tulpenblüten je sechs Blütenblätter in Orange oder Pink nach Vorlage filzen. Dann unten an die orangefarbenen Blütenblätter etwas gelbe Wolle, an die pinkfarbenen Blütenblätter etwas weiße Wolle anfilzen, oben unbearbeitet lassen und mit der Nadel in Form ziehen. Die fertigen Blütenblätter in zwei Schichten um die Styroporkugel legen und anfilzen. Die Stängel gemäß Vorlage rund, die Blätter flach filzen. Blüten, Stängel und Blätter wie abgebildet zusammenfilzen.

4 Bienen- und Hummelkörper halbrund nach Vorlage filzen. Für Streifen und Köpfe je bei beiden, Biene und Hummel, die schwarze Wolle in drei gleiche Teile teilen, Streifen und Kopf separat filzen. Die fertigen Streifen um den Körper legen und anfilzen. Den Kopf halbrund filzen, dabei den oberen Teil unbearbeitet lassen, die Wollfäden mit der Nadel nach oben richten. Den

Kopf an den Körper anfilzen. Für die Flügel die Drahtstücke durch die Körper führen und wie auf der Vorlage abgebildet einen ca. 5 cm langen doppelten Flügel an jeder Seite zurechtbiegen.

5 Hasen, Tulpen und Insekten mit Stecknadeln auf dem Kranz befestigen.

Blütenpracht

→ flauschiger Frühlingsschmuck

MOTIVDURCHMESSER
Primel ø ca. 8 cm

MOTIVHÖHE
Körbchen ca. 12 cm

MATERIAL PRIMELKETTE

- Filzwolle in Rot, Pink, Orange und Gelb, je 2 g (Blüten)
- Filzwolle in Weiß und Gelb, je 2 x ca. 0,3 g (Blütenmitte)
- je 2 Holzperlen in Rot und Gelb, ø 4 mm
- Nähgarn in Gelb und Rot
- 5 Holzperlen in Grün, ø 1 cm
- Nähgarn in Grün, ca. 1,50 m lang

KÖRBCHEN

- Weidenkörbchen, ø 12 cm, ca. 10 cm hoch
- Styropor-Ei, 7 cm hoch
- Filzwolle in Lachs, 3 g, Weiß, 3 g, Gelb, 2 g, Pink und Orange, je 1 g
- Moos
- Draht in Silber, ø 0,7 mm, ca. 1 m lang

VORLAGENBOGEN 1B

Primelkette

1 Die Blüten nach Vorlage filzen. Die Wolle für das Innere der Blüte rund, ø ca. 4 cm, nur auf die Blüte auflegen, die Ränder mit den Fingern zurechtzupfen und mit der Nadel nach außen richten, die passende Perle in der Mitte aufnähen.

2 Die grünen Perlen und die Blüten mithilfe einer Nadel im Abstand von ca. 10 cm auf den grünen Faden aufziehen. Jede Perle einmal mit dem Faden umschlingen, damit sie an einer Stelle fixiert bleibt. Beide Fadenenden mit einer Perle abschließen und den Faden fest verknoten.

Körbchen

1 Drei Blüten nach der Zeichnung auf der Vorlage filzen, dafür Wolle in Pink, Orange oder Weiß, je ca. 0,5 g, rund auflegen, die Enden mit den Fingern zurechtzupfen und nur in der Mitte etwas anfilzen. Mit dem kleineren Innenteil der Blüte genauso vorgehen, dafür von der passenden Wolle ca. 0,2 g verwenden. Die beiden Teile aufeinander legen und nur die Mitte etwas zusammenfilzen.

2 Für die Blütenmitten die gelbe Wolle in drei gleiche Teile teilen, in der Hand zu je einer Kugel, ø 1 cm, zusammenrollen und in der Mitte der Blüte anfilzen.

3 Das Styropor-Ei mit der restlichen Wolle in Lachs umfilzen, eine der Blüten auf das Ei filzen.

4 Die Schmetterlingsflügel gemäß Vorlage aus der restlichen weißen Wolle filzen. Die Reste in Pink und Orange je in zwei Teile teilen und rund an die Kanten der Schmetterlingsflügel anfilzen.

5 Körper und Fühler des Schmetterlings nach der Vorlage aus Draht wickeln, mit einem Drahtstück Flügel und Körper in der Mitte zusammenbinden und am Weidenkörbchen festbinden. Ei, Moos und die restlichen Blüten ins Körbchen legen bzw. auch mit etwas Draht befestigen.

Tiere im Ei

→ Vogel und Schnecke

MOTIVHÖHE
ca. 7 cm

MATERIAL
- 2 Hühnereier in Weiß
- Draht in Silber, ø 0,7 mm, 2 x 40 cm lang
- Bastwolle in Grün
- 4 Wachsperlen in Blau, ø 3 mm

ZUSÄTZLICH FÜR VOGEL
- Filzwolle in Gelb, 2,5 g, Orange und Schwarz, je 0,5 g, Weiß und Blau, je 0,1 g

ZUSÄTZLICH FÜR SCHNECKE
- Filzwolle in Grün und Weiß, je 2 g, und Pink, 0,1 g

VORLAGENBOGEN 2B

1 Die Eier ausblasen und an einer Seite vorsichtig ein Loch, ca. 3 cm x 2 cm, ausbrechen.

2 Die Figuren gemäß der Zeichnung filzen: Beim Vogel zuerst den gelben Körper arbeiten, den hinteren Rumpfteil unbearbeitet lassen. Die Streifen am Kopf mit der entsprechenden Wolle anfilzen. Den Schnabel separat arbeiten und am Kopf anfilzen.

3 Bei der Schnecke Rumpf und Häuschen einzeln arbeiten. Für das Haus gemäß der Zeichnung zuerst einen runden Streifen arbeiten, diesen in Schneckenform nach oben zusammenrollen und fest zusammenfilzen. Die Wolle in Pink in dünnen Streifen um das Haus legen und anfilzen. Für die Fühler zwei unbearbeitete, ca. 3 cm lange Streifen am Schneckenkopf anfilzen, die Enden mit den Fingern zusammenrollen.

4 Die Perlen als Augen annähen.

5 Den fertigen Vogel mit Bastwolle in das Ei stecken. Die fertige Schnecke mit etwas Bastwolle in das Ei stecken, dabei den Kopf oben am Ei festkleben.

6 Zum Aufhängen ein Drahtstück zusammenlegen, in das „Ausblasloch" oben einstecken, die Drahtbiegung zu einer ca. 1 cm breiten Lasche im Ei auseinander biegen und die beiden offenen Enden nach oben stehen lassen.

Glockenblumen

→ duftig und zart

MOTIVHÖHE
ca. 10 cm

MATERIAL
- Filzwolle in Gelb und Blau, je 1,5 g
- 6 Wachsperlen in Weiß, ø 5 mm
- 2 Wachsperlen-Tropfen, 1 cm lang
- Draht in Silber, ø 0,7 mm, 2 x 40 cm lang
- Styropor-Ei o. Ä.

VORLAGENBOGEN 2B

1 Die Blütenform gemäß der Vorlage filzen; die untere Kante der Blüte unbearbeitet lassen, die Wollfasern in Form zupfen und mit der Nadel etwas nach außen ziehen.

2 Die fertige Blütenform um ein Styropor-Ei o. Ä. legen und die beiden Seitenkanten zusammenfilzen. Das Styropor entfernen.

3 Pro Blüte drei ca. 10 cm lange Drahtstücke in die Blütenspitze stecken und an den Enden je eine runde Perle fixieren. Die anderen Drahtenden miteinander verdrehen und im Filz verstecken. Zum Aufhängen ein 10 cm langes Drahtstück durch die Blütenspitze ziehen, den Tropfen aufziehen, das eine Ende um den Tropfen legen und oben einstecken.

Huhn, Hase und Schaf

→ niedliche Eierwärmer

MOTIVHÖHE
ca. 15 cm bis 17 cm

MATERIAL HASE
- Filzwolle in Weiß, 3 g, und Grau, 6 g
- 7 Borstenhaare (aus einem Besen), ca. 4 cm lang (Barthaare)
- 2 Holzperlen in Schwarz, ø 4 mm
- Nähgarn in Schwarz

HUHN
- Filzwolle in Gelb, 6 g, Grün, 3 g, und Rot, 1 g
- 2 Holzperlen in Schwarz, ø 4 mm
- Nähgarn in Schwarz

SCHAF
- Filzwolle in Weiß, 11,5 g, und Hautfarbe, 0,5 g
- 2 Holzperlen in Schwarz, ø 4 mm
- Nähgarn in Schwarz

VORLAGENBOGEN 2A

1 Alle Figurenteile nach Vorlage filzen: Der Korpus jeder Figur besteht aus zwei Teilen, die separat gefilzt werden. Die beiden fertigen Teile rechts auf rechts aufeinander legen, mit der Filznadel an der Kante zusammenfilzen und auf die rechte Seite umkrempeln. Die Nahtunebenheiten von rechts mit der Nadel bearbeiten und ausgleichen.

2 Beim Schaf die Unterkante ca. 3 cm nach oben umschlagen. Beim Hasen die beiden weißen Seitenteile separat filzen und unten an der Kante anfilzen. Beim Huhn ebenfalls die beiden grünen Zickzackstreifen separat filzen und unten an der Kante anfilzen.

3 Die Gesichtsteile zuerst separat filzen, dann an die jeweiligen Körper anfilzen. Die Perlen als Augen annähen.

4 Beim Hasen die Barthaare in die Schnauze stecken, beim Schaf die Schnauze mit schwarzem Faden aufnähen.

Tipp: Wenn Sie noch bunte Wolle übrig haben, können Sie die Eierbecher wie das Schäfchen auf dem Titelbild auch noch mit bunten Blüten verzieren. Die Vorlage für die Blüte finden Sie auf dem Vorlagenbogen.

Zarte Schmetterlinge

→ schönes Raumdekor

MOTIVHÖHE
ca. 14 cm

MATERIAL
- Filzwolle in Weiß, Lachs, Gelb, Hellblau, Pink, Rosé und Orange (pro Schmetterling 1,5 g in einer und 0,7 g in einer anderen Farbe)
- Draht in Silber, ø 0,5 mm, pro Schmetterling ca. 1,20 m lang
- Schaschlikstäbchen
- Nähgarn in Blau, Weiß, Rosa, Orange und Gelb

VORLAGENBOGEN 2B

1 Die Schmetterlinge nach Vorlage arbeiten: Die Flügel einzeln ausarbeiten, dazu Wolle in einer Farbe, 1,5 g, in zwei Teile teilen und je einen Flügel flach und dünn filzen, die Enden unbearbeitet lassen.

2 Wolle in einer anderen Farbe, 0,7 g, auch in zwei gleich große Teile teilen, von der Innenkante aus auf den Flügel legen, mit den Fingern in Form zupfen und nur leicht anfilzen.

3 Die oberen und unteren Flügelspitzen mit den Fingern zusammendrehen.

4 Für die Fühler vom Draht ca. 20 cm abschneiden und in der Mitte zusammenlegen. Den restlichen Draht eng um ein Schaschlikstäbchen wickeln und in ca. 7 cm Höhe eine Rundung für den Kopf zurechtbiegen. Den zusammengelegten Fühlerdraht in die Spirale schieben, das Ende unten am Spiralenende einhaken und so befestigen. Die Drahtenden oben als Fühler herausstehen lassen und zurechtbiegen.

5 Die beiden Flügelteile mit einem passenden Faden an die Spiralenseiten annähen.

Tipp: Die Schmetterlinge machen sich hervorragend an einem Moskitonetz oder Vorhang. Sie können sie ganz einfach mit Stecknadeln feststecken oder mit einem passenden Faden und wenigen Stichen annähen.

Frosch, Hase und Ente

→ halten Eier warm

MOTIVHÖHE
ca. 8 cm

MATERIAL PRO EIERWÄRMER

- 2 Holzperlen in Schwarz, ø 4 mm
- Nähgarn in Schwarz
- Styropor-Ei, 7 cm hoch

ZUSÄTZLICH FROSCH

- Filzwolle in Grün, 7 g
- 2 Holzperlen in Gelb, ø 1,2 cm
- Nähgarn in Grün

ZUSÄTZLICH HASE

- Filzwolle in Weiß, 6,5 g, und Grau, 0,5 g
- 6 Borstenhaare (z. B. aus Besen), ca. 4 cm lang (Barthaare)
- Nähgarn in Weiß

ZUSÄTZLICH ENTE

- Filzwolle in Gelb, 5 g, und Orange, 2 g
- Nähgarn in Gelb

VORLAGENBOGEN 3B

1 Jede Figur besteht aus zwei Halbkugeln, die separat auf einem Styropor-Ei gefilzt werden: Die obere Hälfte vom Styropor-Ei mit Wolle belegen und mit der Nadel auf dem Ei filzen. Immer wieder die Wolle von Ei lösen und auf einer Unterlage auch von innen mit der Nadel bearbeiten, dabei die Kante rund ausarbeiten.

2 Dann die untere Ei-Hälfte mit Wolle belegen und genauso bearbeiten.

3 Die beiden Hälften hinten über eine ca. 1 cm breite Naht mit dem passenden Faden zusammennähen. Um die Naht zu kaschieren, etwas passende Wolle auflegen und auf die Naht filzen.

4 Die Füße, die Hasenschnauze, das Hasenschwänzchen und den Enten-Schnabel nach der Vorlage filzen. Die Füße unten an die jeweilige Figur mit der Nadel anfilzen, Schnabel und Schnauze an die obere Hälfte anfilzen. Das Schwänzchen hinten am Hasen anbringen

5 Die Perlen als Augen annähen; beim Frosch große und kleine Perlen aufeinander nähen. Beim Hasen die Borstenhaare in die Schnauze einstecken.

Tipp: Statt Borstenhaare aus einem Besen können Sie für die Hasen-Barthaare auch festen schwarzen Faden nehmen.

Frühlingskranz

→ mit fliegenden Frühlingsboten

MOTIVDURCHMESSER
ca. 20 cm

MATERIAL
- Kranzrohling, ø 20 cm
- Dschungelmoos
- Wickeldraht
- Kordel in Braun, ø 3 mm, 1,50 m lang
- Stecknadeln
- Kokosrinde, 10 cm x 20 cm
- Bastfäden in Natur, ca. 50 cm lang

ZUSÄTZLICH FÜR BLUMEN
- Filzwolle in Weiß, 3 g
- 3 Holzperlen in Gelb, ø 5 mm
- Nähgarn in Weiß

BIENE
- Filzwolle in Weiß, Schwarz und Gelb, je 1 g
- 4 Holzperlen in Gelb, ø 3 mm
- Draht in Gold, ø 0,5 mm, 8 cm lang
- Nähgarn in Schwarz

MARIENKÄFER
- Filzwolle in Rot, 2 g, und Schwarz, 1 g
- 4 Wachsperlen in Gold, ø 3 mm
- 2 Holzperlen in Schwarz, ø 6 mm
- Draht in Gold, ø 0,5 mm, 8 cm lang
- Nähgarn in Schwarz

SCHMETTERLING
- Filzwolle in Schwarz, Gelb und Grün, je 1 g, und Pink, 0,5 g
- 15 Wachsperlen in Pink, ø 3 mm
- Draht in Gold, ø 0,5 mm, 12 cm lang
- Nähgarn in Schwarz und Gelb

KÄFER
- Filzwolle in Orange, 0,6 g, Weiß, 1,3 g, und Schwarz, 1 g
- 12 Wachsperlen in Gold, ø 3 mm
- Draht in Gold, ø 0,5 mm, 16 cm lang
- Nähgarn in Orange und Schwarz

VORLAGENBOGEN 3 B

1 Moos auf den Kranz legen und mit Wickeldraht befestigen. Den Kokosstreifen auflegen und mit Bastfäden am Kranz befestigen, dabei die Bastfäden zu einer Schleife binden.

2 Für die Blüten weiße Wolle in drei gleiche Stücke teilen und die Blüten nach Vorlage filzen, in der Mitte je eine gelbe Perle annähen.

3 Die Insekten gemäß der Vorlage filzen. Die Wolle für die Köpfe in der Hand zu einer Kugel zusammenrollen und mit der Nadel zu einer festen Kugel filzen. Die Wolle für die Körper in der Hand zusammenrollen und zu einem halbrunden Körper filzen. Bei der Biene die schwarzen Streifen, 5 mm breit, 3 cm lang, separat filzen und dann auf den Körper nadeln. Beim Marienkäfer für die Vertie-

fung zwischen den Flügeln mit der Nadel mehrmals an einer Stelle einstechen. Die Flügel nur flach und dünn filzen.

4 Die fertigen Teile wie abgebildet aneinander filzen. Perlen mit dem passenden Faden annähen.

5 Die Drahtstücke als Fühler durch die Köpfe führen. Die Perlen an den Enden durch Umschlingen befestigen. Die Fühler wie abgebildet zurechtbiegen.

6 Die fertigen Figuren mit Stecknadeln am Kranz befestigen. Die drei Blüten mit weißem Faden hinten zusammennähen und mittig auf die Bastschleife nähen. Den Kranz an der Kordel aufhängen.

Kannen- und Eierwärmer-Hähne

→ etwas aufwändig, aber sehr beeindruckend

Kannenwärmer

1 Nach der Vorlage arbeiten: Zuerst den grünen Rumpf in zwei Teilen filzen, dabei die Kanten an der Seite und oben unbearbeitet lassen. Die beiden fertigen Teile zusammenlegen, von innen und außen miteinander durch Einstechen mit der Nadel verbinden und so lange arbeiten, bis die Naht nicht mehr sichtbar ist. Achtung: Die markierte Stelle am Hals bleibt offen. Es empfiehlt sich, ein Stück Schaumstoff oder Styropor dazwischenzulegen, so dass außer den Nähten nichts zusammenfilzt.

2 Den Kopf wie den Rumpf auch in zwei Teilen (2 x 5 g) arbeiten, hier jedoch alle Kanten unbearbeitet lassen. Die fertigen Kopfteile miteinander verbinden, unten jedoch offen lassen.

3 Den Schnabel aus gelber Wolle flach und ca. 4 mm stark filzen, aus etwas schwarzer Wolle von beiden Seiten ein Schnabelloch anfilzen. Kamm (ca. 2 g Wolle) und Kehllappen (ca. 1 g Wolle) in Pink flach filzen. Kamm, Kehllappen und Schnabel am Kopf anfilzen. Die beiden Perlen als Augen annähen.

4 Jetzt den fertigen Kopf am Rumpf anfilzen, dabei die unbearbeitete rote Wolle unten etwas überlappen lassen.

5 Die weiße Wolle in zwei Stücke teilen und daraus je einen Flügel flach filzen, dabei die untere Seitenkante unbearbeitet lassen. Die schwarze Wolle in zwölf Teile teilen, daraus kleine Streifen mit einer unbearbeiteten Seite in gleichmäßigen Abständen am Flügel anfilzen. Die Flügel an den Rumpf filzen.

6 Für die Schwanzfedern ca. zehn unbearbeitete Wollstreifen in Pink und Rot, 10 cm bis 20 cm lang, an einem Ende zusammenlegen und zusammenfilzen. Den fertigen Federschwanz am Rumpf-Ende anfilzen und mit den Fingern in Form bringen.

Eierwärmer

1 Nach der Vorlage arbeiten: Der Eierwärmer besteht aus zweimal zwei Teilen. der untere wird in Rot, der obere in Grün gearbeitet. Die Teile wie beim Kannenwärmer fertigen. Die untere Kante beim grünen Teil und die obere Kante beim roten Teil unbearbeitet lassen.

2 Die fertigen beiden Teile aufeinander stülpen und zusammennadeln, zur Hilfe ein Styropor-Ei innen einschieben. Die Arbeit auf dem Ei fortsetzen, die Wolle immer wieder vom Ei lösen.

3 Den Schnabel flach mit schwarzen Löchern an beiden Seiten filzen. Kamm (1 g Wolle) und Kehllappen (0,5 g Wolle) in Pink filzen und am Kopf annadeln. Die Perlen an beiden Kopfseiten als Augen annähen.

MOTIVHÖHE

Kannenwärmer ca. 25 cm
Eierwärmer ca. 13 cm

MATERIAL KANNENWÄRMER

- Filzwolle in Grün, 30 g, Rot, 15 g, Weiß, 10 g, Pink, 6 g, Gelb und Schwarz, je 1 g
- 2 Holzperlen in Schwarz, ø 8 mm
- Nähgarn in Schwarz

EIERWÄRMER

- Filzwolle in Rot, 3 g, Grün, 2 g, Pink, 1,5 g, Gelb, 1 g, und Schwarz, 0,1 g
- 2 Holzperlen in Schwarz, ø 5 mm
- Nähgarn in Schwarz

VORLAGENBOGEN 4B

Teichbewohner

→ tolle Deko am Vorhang

MOTIVHÖHE
ca. 8 cm bis 13 cm

MATERIAL PRO FROSCH
- Filzwolle in Grün, 3 g, und Gelb, 0,1 g
- 2 Holzperlen in Dunkelgrün, ø 1 cm
- Nähgarn in Dunkelgrün

PRO LIBELLE
- Filzwolle in Rosa oder Hellblau, 0,7 g, und Pink oder Blau, 1 g
- Holzperle in Dunkelrot, ø 1 cm
- Nähgarn in Dunkelrot

PRO SEEROSE
- Filzwolle in Lachs, 2 g, Orange oder Pink, 0,5 g, Grün, 1,5 g, und Gelb, 0,1 g

VORLAGENBOGEN 3B

Frosch

1 Nach Vorlage arbeiten: Den Froschkörper aus 2 g Wolle flach filzen. Die gelbe Wolle in vier Stücke teilen und vier dünne Streifen, ca. 4 cm bis 5 cm lang, am Körper anfilzen.

2 Für die Froschschenkel die restliche grüne Wolle in zwei Stücke teilen. Die Froschschenkel 3 cm lang rund filzen, den Fuß flach und breit ausarbeiten, das Ende unbearbeitet lassen. Den Fuß nach oben richten und an den Schenkel etwas anfilzen. Die unbearbeitete Kante in drei „Zehen" teilen und die Enden mit den Fingern spitz zusammenrollen. Die Schenkel an den Körper filzen. Die Perlen als Augen annähen.

Libelle

1 Nach Vorlage arbeiten: Den Körper der Libelle aus 0,7 g Wolle in Pink oder Blau rund filzen, das Ende zu einer Spitze zusammendrehen.

2 Für die Flügel die Wolle in Rosa oder Hellblau in vier Stücke teilen, flach und dünn filzen, dabei die Enden unbearbeitet lassen. Die restliche Wolle in Pink oder Blau in vier Teile teilen und mittig auf die Flügel filzen, die Enden ebenfalls unbearbeitet lassen. Die Flügel an den Körper filzen. Die Perle als Kopf annähen.

Seerose

1 Nach Vorlage arbeiten: Die Blüte flach und dünn filzen, die Enden der Blütenblätter unbearbeitet lassen. Die Wolle in Orange oder Pink auf der Blüte verteilen und anfilzen, die Enden ebenfalls unbearbeitet lassen.

2 Das Blatt flach filzen, die gelbe Wolle an einem Ende auflegen und im Verlauf auf das Blatt filzen. Die Blüte seitlich am Blatt anfilzen.

Tipp: Die Frösche, Libellen und Seerosen können Sie mit Stecknadeln an eine transparente Gardine heften.

Kette und Nesthocker

→ machen Lust aufs Frühjahr

Nesthocker

1 Den weißen Körper und den weißen Kopf des Vogels rund filzen, dann zusammenfilzen. Den Schwanz anfilzen, das Ende unbearbeitet lassen.

2 Den oberen Kopf und den Rücken mit gelber bzw. grüner Wolle belegen und anfilzen, dabei das Schwanzende wieder unbearbeitet lassen. Den andersfarbigen Streifen am Kopf anfilzen. Die Flügel aus Wolle in zwei Farben separat filzen, dabei die spitzen Enden unbearbeitet lassen. Die Flügel an den Rumpfseiten anfilzen.

3 Die Schnäbel separat arbeiten und vorne am Kopf anfilzen. Die Perlen als Augen annähen. Die Blüten und das Blatt flach filzen.

4 Den Vogel, die Blüten und das Blatt mit Stecknadeln am Nestchen feststecken.

Kette

1 Die Figuren nach Vorlage flach filzen, beim Schmetterling den Körper rund filzen. Die verschiedenfarbigen Teile der Figuren zuerst separat filzen, danach durch Anfilzen zusammenbringen.

2 Die Perlen wie abgebildet auf die fertigen Figuren nähen.

3 Die vier Figuren mit der Nadel auf einen ca. 1,50 m langen Faden auffädeln, dazwischen immer eine große Perle aufziehen, die durch Umschlingen befestigt wird. Der Abstand zwischen den einzelnen Motiven beträgt ca. 8 cm.

MOTIVHÖHE
Nesthocker ca. 5 cm
Kette ca. 45 cm

MATERIAL PRO NESTHOCKER

- Weiden-Nestchen, ø 7 cm
- Filzwolle in Weiß, 2,5 g (Vogelkörper)
- Filzwolle in Gelb und Orange, je 0,3 g, und Pink, 0,1 g (orange Vogel) oder in Grün, 0,4 g, Blau, 0,1 g, und Gelb, 0,3 g (grüner Vogel)
- Filzwolle in Blau, 0,3 g, Gelb, 0,1 g, und Grün, 0,3 g (2 Blüten und 1 Blatt)
- 2 Wachsperlen in Dunkelblau, ø 3 mm
- 5 Stecknadeln

KETTE

- Schmetterling: Filzwolle in Rosé, 3 g, Hellblau und Hellgrün, je 2 g
- Ente: Filzwolle in Hellgrün, 3 g, Hellblau, 1,5 g, und Rosé, 0,3 g
- Blume: Filzwolle in Rosé, 2,5 g, und Hellgrün, 1,5 g
- Hase: Filzwolle in Hellblau, 3 g, und Rosé, 0,5 g
- 28 Holzperlen in Gelb, ø 5 mm
- 3 Holzperlen in Gelb, ø 1 cm
- Nähgarn in Gelb und Weiß

VORLAGENBOGEN 4A

Blumen im Ei

→ zartes Grün

MOTIVHÖHE
ca. 8 cm

MATERIAL SCHNEE-GLÖCKCHEN

- Hühnerei-Schale
- Filzwolle in Hellgrün, 6 g, und Weiß, 2 g
- Baumwollfaden in Blau, ø 2 mm, 80 cm lang

KROKUSSE

- Hühnerei-Schale
- Filzwolle in Hellgrün, 6 g, Rosé, 3 g, Pink und Orange, je 1 g
- Baumwollfaden in Orange, ø 2 mm, 80 cm lang

VORLAGEN-BOGEN 2B

1 Für die Schneeglöckchen die weiße Wolle in acht gleiche Teile teilen und die weißen Blütenblätter nach der Zeichnung flach filzen. Aus 1 g grüner Wolle je ein Blatt flach filzen (insgesamt drei Blätter). Zwei Stängel aus je 1 g grüner Wolle ausarbeiten. Die Blütenblätter und Blätter an die Stängel filzen.

2 Für die Krokusse die Blüten, Blätter und Stängel ebenso arbeiten. Die Blütenblätter zusätzlich mit Wolle in Pink von unten nach oben befilzen. Die Staubkörper in Orange rund filzen und in der Blütenmitte annadeln.

3 Die Blumen mit der restlichen grünen Wolle in das Ei setzen.

4 Zum Aufhängen vom Baumwollfaden 40 cm abschneiden und mittig um das Ei kleben. Zwei Stücke à 20 cm an den Seiten zu Schleifen binden.

DIESES BUCH ENTHÄLT 4 VORLAGENBOGEN

IMPRESSUM

FOTOS: frechverlag GmbH, 70499 Stuttgart; Fotostudio Ullrich & Co., Renningen
DRUCK: frechdruck GmbH, 70499 Stuttgart

Auflage: 5. 4. 3. 2. 1.
Jahr: 2009 2008 2007 2006 2005 [Letzte Zahlen maßgebend]

ISBN 3-7724-3443-6
Best.-Nr. 3443